ISBN 978-3-649-62431-8

© 2017 Coppenrath Verlag GmbH & Co. KG
Hafenweg 30, 48155 Münster, Germany
Grafische Gestaltung: Daniela Lengers Grafik-Design, Laer
Fotos: Matthias Rethmann, Tour-Files, Münster
Weitere Fotos: Coppenrath Verlag,
S. 1, S. 9 (o. l.), S. 34 (u. l.), S. 86 (o. r., u. r.), S. 96
Redaktion: Inga Hagemann

www.coppenrath.de

DANIELA BEN SAID

# Glück
## IST
## TIERISCH
# leicht

Was wir von Tieren lernen können

COPPENRATH

 INHALT

# BERUF UND KARRIERE 34

# GESUNDHEIT 52

 # INNERE BALANCE 66

# Vorwort

Glücks-
momente

# Vorwort

Tiere bewerten nicht. Sie nehmen nichts persönlich und verzeihen schnell. Sie mögen es bequem und machen aus ihren Fähigkeiten das Beste. Sie leben im Hier und Jetzt.

Von Tieren kann der Mensch viel lernen. Auch, wie er glücklicher und zufriedener werden kann? Suchen Tiere denn nach dem Glück? Nein – das Ziel der Evolution heißt für Mensch und Tier gleichermaßen: Überleben! Und darin sind Tiere intuitiv perfekt.

Wenn Sie also bisher dachten, Sie seien auf der Welt, um glücklich zu sein, muss ich Sie enttäuschen. Glück ist nicht das Ziel, sondern evolutionsbiologisch das Mittel zum Zweck. Glücksmomente sind dazu da, um die Überlebenschancen zu verbessern – um Lust auf das Leben zu machen. So gesehen ist „Glück" nicht mehr als ein besonders intelligenter Trick der Natur.

Wenn Sie sich also entschieden haben, dieses Buch zu lesen, sind Sie auf diesen Trick bereits hereingefallen. Ich übrigens auch, als ich mich entschloss, dieses Buch zu schreiben. Schreiben macht mich glücklich. Tiere machen mich glücklich. Schreiben über Tiere, insbesondere über meine eigenen Tiere, macht mich sehr glücklich. An dieser Stelle zeigt sich schon: Glück ist für jeden Menschen etwas anderes. Glück entsteht im Auge des Betrachters. Es gibt nicht den einen Weg – es gibt

nur den eigenen Weg. Es gibt kein Patent, nur ein Rezept mit verschiedenen Zutaten – beziehungsweise einen Hof mit vielen Tieren.

Angefangen hat alles mit Hühnern und Eiern. Ich weiß, so fängt es immer an. Wobei die Frage, was zuerst da war, das Huhn oder das Ei, noch nicht abschließend beantwortet wurde.

Als ich noch ein Kind war, hielt meine Oma ein paar Hühner in einem kleinen Stall gleich hinter ihrem Haus, was in der damaligen Zeit alles andere als ungewöhnlich war. Das erste Mal, dass ich im Zusammenhang mit Tieren etwas gelernt habe, war, als ich im tiefen Winter – es war draußen sehr glatt – in den Hühnerstall geschickt wurde, um Eier zu holen. Meine Oma mahnte eindringlich: „Dani, nicht alle Eier in einen Korb legen!" Denn wäre ich ausgerutscht, wären alle Eier zerbrochen.

Was für den Hühnerhof gilt, gilt auch für das Leben: Legen Sie nie alle Eier in einen Korb! Mit dieser Weisheit und mit Omas Hühnern hat alles begonnen. Danke an dieser Stelle an meine Oma.

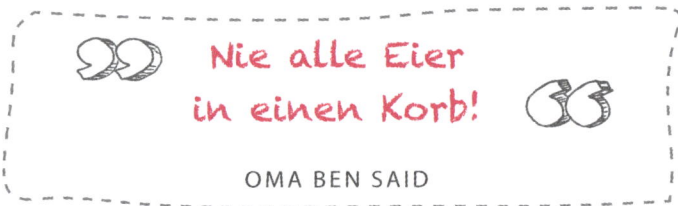

Nie alle Eier in einen Korb!

OMA BEN SAID

**FAMILIE UND FREUNDSCHAFT**

 **BERUF UND KARRIERE**

 **GESUNDHEIT**

 **INNERE BALANCE**

Das sind die vier „Glücks-Eier", die jeder Mensch bewahren, behüten und wertschätzen sollte, und genau darum geht es in diesem Buch.

Wenn wir unser Leben in die vier wichtigen Glücks-Eier aufteilen, dann ist es wichtig, nicht nur auf ein Ei zu setzen. Stellen Sie sich vor, Sie schuften Ihr ganzes Leben lang nur für die Karriere und aus unerwarteten Gründen zerbricht dieses Ei. Gut, wenn Sie dann noch auf die anderen Eier setzen können! Dann halten Sie trotzdem Ihr Lebensglück und haben nur die Aufgabe, die kurzfristigen Turbulenzen beim Ei „Beruf" wieder zu ordnen.

Im Laufe dieses Buchs werden verschiedene Tierstrategien zu jedem Glücks-Ei vorgestellt und mit zahlreichen Beispielen informativ und humorvoll beschrieben.
Schauen Sie einfach, welches Tier zu Ihnen passt und was Sie aus dessen Verhalten lernen können.

# GLÜCKS-EI

# Familie und Freund- schaft

# Kalte Hundenase

Jeder kennt die Geschichte von Noah, seiner Arche und der Sintflut. Noah wurde erwählt, um die Menschen und Tiere zu retten. Allerdings nahm niemand seine Warnung ernst, sondern ganz im Gegenteil: Noah wurde für verrückt gehalten. Er baute sein Schiff dennoch, und als er fertig war, führte er von jeder bestehenden Art ein männliches und ein weibliches Tier auf die Arche.

Erneut wurde Noah von seinen Mitmenschen verspottet.

Doch dann regnete es unaufhaltsam und die Menschen verstummten. Nach einigen Wochen versiegte der Regen und Noah und seine Tierpaare gingen an Land. Dort bemerkte Noah, dass ein kleiner Hund fehlte. Er durchsuchte die ganze Arche. Schließlich fand er ihn in einer düsteren Ecke, in der er seine kleine Nase bibbernd an eine Seite des Bootes presste. Er war ganz abgemagert und Noah wollte ihn mit an Land nehmen. „Lass uns die Arche verlassen, kleiner Hund, es hat aufgehört zu regnen." Doch der kleine Hund blieb stumm und drückte seine Nase weiterhin gegen das Holz. Langsam ging Noah auf ihn zu und zog ihn sanft in seine Arme. Dabei entdeckte er ein Loch in der Seite der Arche. „Du hast unser aller Überleben gesichert, indem du deine Nase in das Loch gepresst hast? Kleiner Hund, damit jeder weiß, dass du uns gerettet hast, soll deine Nase für immer kalt und nass bleiben."

VERFASSER UNBEKANNT

# Vom Hund

Seit Jahrhunderten ist der Hund der engste tierische Begleiter der Menschen. Warum berührt der Hund unsere Seele? Weil er uns insgeheim zeigt, wie wir uns eine Freundschaft oder eine Partnerschaft wirklich wünschen. So ist die Treue, neben Eigenschaften wie Mut, Mitgefühl und Empathie, das, was wir am Hund schätzen. Er ist Beschützer, Spielgefährte, Arbeitshelfer oder einfach ein Freund und Wegbegleiter.

## HUNDE-STRATEGIE 1

Halten Sie zusammen und stehen Sie füreinander ein. Schützen Sie Ihr Rudel.

Ein Hund fürchtet sich nicht, wenn es darum geht, seine Familie und seine Freunde zu beschützen. Die Liebe und der Zusammenhalt in seinem Rudel sind größer als jegliche Angst. Hunde sind loyal und unterstützen sich gegenseitig, denn sie wissen, dass das ihr Überleben sichert. Wenn ein Tier als Einzelkämpfer auftritt, dann bringt es das Rudel in Gefahr.

Oft sagen die Menschen heute: „Ich brauche niemanden. Ich kann alles allein." Das stimmt, wir können allein leben. Dennoch ist es im Rudel, also mit einem Partner, in einem Familienverband oder mit Freunden, leichter. Jeder braucht schließlich mal Unterstützung, eine zweite Meinung oder einfach eine tröstende Umarmung, wenn es nicht so läuft, wie man gehofft hat. Raufen Sie sich zusammen, toben und tollen Sie gemeinsam durch das Leben. Dann sind Sie niemals einsam. Wir brauchen unsere Gefährten, um schwierige und auch glückliche Momente miteinander zu teilen. Schützen Sie Ihr Rudel.

## HUNDE-STRATEGIE 2

### Befreien Sie sich von Vorurteilen.

Wie oft beurteilen Sie andere nach ihrem Äußeren oder danach, was Sie über diese Menschen gehört haben?
Wir bilden uns viel zu schnell ein Urteil, ohne dass wir uns näher mit dem Menschen, dem Lebewesen oder dem Thema beschäftigt haben. Was denken Sie über Kampfhunde? Dass sie gefährlich sind, aggressiv

und unberechenbar?

Oftmals hinterfragen wir Vorurteile nicht. Mit dieser inneren Einstellung gehen wir auf andere Lebewesen zu. Wussten Sie, dass viele Menschen nach dem ersten Eindruck nur noch Bestätigungen für ihr Urteil suchen, ohne wirklich offen für neue Aspekte zu sein? Wie viele Bekanntschaften, Freundschaften und potenzielle Partner lernen wir erst gar nicht näher kennen, weil uns Vorurteile im Weg stehen?

Hunde sind anders. Sie sind neugierig und möchten alles von ihrem Gegenüber erfahren. Dabei ist es ihnen ganz gleich, wie jemand aussieht oder wo er herkommt. Sie beurteilen andere nach ihrem Handeln und dem Verhalten ihnen selbst gegenüber. Schauen Sie sich dieses Vorgehen bei Hunden ab. Das Leben wird so viel leichter, wenn Sie nicht vorschnell urteilen, sondern Menschen erst richtig kennenlernen.

# HUNDE-STRATEGIE 3

## Nehmen Sie Dinge hin, die Sie nicht ändern können.

Hunde sind treu und lieben uns Menschen bedingungslos, so wie wir sind. Wieso machen Sie das in Ihrem Leben nicht genauso?

In zwischenmenschlichen Beziehungen denkt man oft: „Den oder die biege ich mir schon zurecht". Versuchen Sie gar nicht erst, aus Ihren Mitmenschen jemand anderen zu machen – sonst ist Scheitern vorprogrammiert.

Wieso sind wir bei anderen ständig auf der Suche nach Fehlern? Weil wir insgeheim nach Perfektion streben. Da es diese jedoch nicht gibt, müssen Sie aufhören, Dinge ändern zu wollen, die nicht zu ändern sind. Das kann nur unglücklich machen. Ein Hund nimmt sein Herrchen oder Frauchen an und ist zufrieden damit.

Daher beachten Sie: Viele Beziehungen sind gut so, wie sie sind – akzeptieren Sie kleine Fehler einfach.

# Vom Pferd

Die heutigen Hauspferde stammen ursprünglich von Wildpferden ab und sind seit über fünftausend Jahren domestiziert. Sie haben dabei einen ganz eigenen Instinkt entwickelt. Pferde machen das, was sie positiv sehen, und vermeiden, was negative Empfindungen auslöst.

Genau von diesem Verhalten können Menschen viel lernen – sowohl für Liebesbeziehungen als auch für Freundschaften.

**Ebenso** wie Menschen nehmen Pferde Bewegungsveränderungen, Tonfall und auch Atmung wahr.

Bekannt sind bis heute die Auftritte des klugen Hans. Dieses Pferd gehörte einem passionierten Mathematiker und Pädagogen, der überzeugt davon war, dass er seinem Pferd Rechnen und Zählen beibringen konnte.

Das Tier hatte bei Rechenaufgaben in richtiger Anzahl mit den Hufen aufgestampft, genickt oder den Kopf geschüttelt und somit das Ergebnis veranschaulicht.

Heute weiß man, dass der kluge Hans die Entspannung am Körper, in der Mimik und in der Atmung seines Gegenübers wahrnahm und entsprechend reagierte. Welche konkreten Signale das Pferd spürte, ist allerdings bis heute ein Rätsel.

Dieser Versuch zeigt jedoch, dass Pferde sehr feinfühlige Wesen sind, die auf Stimmungsänderungen sensibel reagieren.

Auf das Herz hören

# PFERDE-STRATEGIE 1

## Finden Sie jemanden zum Pferdestehlen.

Pferde akzeptieren es einfach, wenn sie ihr Gegenüber „nicht riechen können", und zweifeln dann nicht an sich selbst. Menschen hingegen verbiegen sich, meinen, auch mit Leuten zurechtkommen zu müssen, die ihnen nicht guttun.

Pferde legen die Ohren an, fletschen die Zähne und drehen dem Nichtgemochten ihr Hinterteil zu. Ein Pferd hat den Mut, Gefühle zu zeigen. Haben Sie auch einfach mal den Schneid, sich von Menschen, die Sie belasten, abzugrenzen und im Zweifelsfall zu trennen. Verbringen Sie Ihre kostbare Zeit nicht aufgrund von gesellschaftlichen Führstricken oder aus Gewohnheit mit jemandem, den Sie eigentlich gar nicht leiden können. Hören Sie auf Ihr Herz, und bleiben Sie dort, wo Sie glücklich sind.

Nicht jeder Mensch ist jemand, mit dem Sie Pferde stehlen wollen. Die Herausforderung liegt darin, diejenigen zu finden, mit denen Sie es können.

# PFERDE-STRATEGIE 2

## Bewerten Sie Situationen immer wieder neu und entscheiden dann: fliehen oder bleiben.

Pferde sind grundsätzlich Fluchttiere. Wenn ihnen etwas unheimlich vorkommt, rennen sie erst einmal weg. Das Pferd bleibt dann nach 50 bis 200 Metern stehen, um die Situation neu zu prüfen und zu schauen, ob sich die Lage verändert hat. Es entscheidet anschließend, ob es bleibt, sich also auf die „alte" Situation neu einlässt, oder ob es weiter wegläuft.

Wenn Sie eine Auseinandersetzung mit Ihren Liebsten, Ärger mit Bekannten oder Streit mit Freunden haben, gehen Sie auf Abstand. Betrachten Sie die Situation aus einer anderen Perspektive – und beschließen Sie dann, in welche Richtung Sie sich wenden wollen. Werfen Sie Freundschaften nie leichtfertig weg. Denken Sie daran, dass es ganz bestimmte Gründe gibt, weshalb Sie die Person zuvor so sehr geschätzt haben. Und wenn Sie sich entschieden haben, wanken Sie nicht.

**Bei** Menschen und Tieren verhält es sich gleichermaßen: Vertrauen aufzubauen dauert Jahre, es zu zerstören nur Sekunden. Um das gute Verhältnis wiederherzustellen, braucht man viel Geduld und den festen Willen, Rückschläge in Kauf zu nehmen.

Selbstvertrauen ist wichtig

# Vom Pony

Das Pony ist klein und süß und wird leider zuweilen nur als niedlicher Rasenmäher gehalten. Dabei sind die Ansprüche eines Ponys fast so hoch wie die eines Pferdes. Ein Pony ist etwas ganz Spezielles.

Unter den Pferdeliebhabern gibt es nicht umsonst den Spruch: Wenn ein Pferd bis drei zählt, ist ein Pony bei fünf und das Shetlandpony schon bei zehn. Insbesondere diese Rasse braucht Herausforderungen, Aufgaben und Kopfarbeit und sollte nicht einfach an die Seite gestellt werden.

## PONY-STRATEGIE

Klein, aber oho.
Zeigen Sie innere Größe.

Ponys sind nervenstark, robust und zuverlässig. Kein Wunder, dass sie selbstbewusst durchs Leben traben. So klein sie auch sind, so groß ist meist ihr Ego. Sie haben keine Scheu, sich bei den Großpferden zu behaupten. Nicht selten sieht man, wie ein Pony ein Pferd über die Wiese

scheucht. Sie glauben an sich und zeigen das auch.

Machen Sie sich diese Eigenschaft zunutze. Denken Sie nicht immer darüber nach, wer in ihrer „Herde" größer, schneller, anmutiger ist. Sie sind etwas Besonderes.

Seien Sie so unbefangen wie ein Pony. Denn das ist nicht klein, sondern großartig.

> Und in der Tat,
> ein Pony oder Pferd,
> das sich stolz trägt,
> ist etwas so Schönes, Bewunderns-
> und Staunenswürdiges,
> dass es aller Zuschauer Augen
> auf sich zieht.
> Keiner wird müde, es anzuschauen,
> solange es sich
> in seiner Pracht zeigt.

XENOPHON

# Pferdeliebe

Aus der Erde schuf Gott die Menschen und aus dem Wind die Pferde. Er stellte sie den Menschen zur Seite als treue Gefährten. Ein Prophet aus dem Morgenland entschied, die Pferde zu züchten, er fragte Gott um Rat, wie er die besten Pferde erkennen könne. Gott sprach: „Nimm alle Pferde, Hengste und Stuten, die du finden kannst. Pflege deine Pferde gut. Gib ihnen Namen. Bürste und füttere sie. Sei sanft im Umgang mit ihnen. Sei ihnen ein Freund. Dann reite mit ihnen sieben Tage ohne Pause und ohne Wasser durch die Wüste. Wenn du die Oase am Horizont erblicken kannst, lasse sie alle frei, damit sie zum Trinken laufen können." Der Prophet schaute fragend: „Woran erkenne ich dann die besten Pferde?"

Gott antwortete: „Ruf sie bei ihren Namen!"

Der Prophet tat, wie ihm aufgetragen wurde.

Als die Oase am Horizont erschien, wurden die Pferde unruhig. Ihre durstigen Nüstern konnten das Wasser bereits riechen. Die trockenen Lungen kratzten.

Nachdem sie von Führstricken, Zaumzeug und Sattel befreit waren, stürmten die Pferde zu der Oase. Der Prophet rief sie beim Namen. Nur fünf Pferde hörten auf den Ruf ihres Herrn und drehten sich pflichtbewusst zu ihm um, ohne zu trinken.

Nun war dem Propheten klar, mit welchen Tieren er züchten würde. Um es zu segnen, legte er zum Dank jedem Pferd seinen Daumen in den Nacken, worauf sich kleine Haarwirbel bildeten. Solche Haarwirbel werden noch heute Daumenzeichen des Propheten genannt. Pferde, die es besitzen, sollen besonders edel sein und gehen der Sage nach auf die fünf Pferde des Propheten zurück.

Wir lernen daraus: Das Band zwischen Mensch und Pferd sollte kein Führstrick, kein Zaumzeug oder Sattel sein, es sollte von Herzen kommen!

WEISHEITSGESCHICHTE

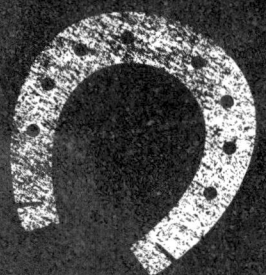

GLÜCKS-EI

Beruf
und
Karriere

# Das Rebhuhn und die Hühner

Ein Bauer kaufte ein Rebhuhn und ließ es auf seinem Hof mit den anderen Hühnern laufen. Die Hühner jedoch bissen und verscheuchten es stets von der Futterstelle. Das Tier war von diesem Verhalten sehr betroffen. Wurde es vertrieben, weil es neu und fremd war? Es haderte mit seinem Schicksal und zog sich immer mehr zurück. Dabei dachte das Rebhuhn darüber nach, was es tun könnte, um den Hühnern ähnlicher zu werden, und wenn die Hühner außer Reichweite waren, versuchte es zu gackern wie sie. Bald aber tröstete es sich, als es sah, dass sich die Hühner untereinander ebenso bissen, und sprach zu sich: „Wenn diese Tiere sogar untereinander feindselig sind, so werde ich wohl eine solche Behandlung mit Gleichmut ertragen können."

FABEL

# Vom Huhn

Seit ungefähr vier- oder fünftausend Jahren sind Hühner domestiziert. Damit ist das Huhn erst sehr viel später als Rind, Schaf und Schwein zu den Menschen gekommen. Hühner gibt es heute fast überall. Ihre Zahl übersteigt die aller Nutz- und Haustiere (ausgenommen die Bienen).

## HÜHNER-STRATEGIE 1

### Stellen Sie Ihr Licht nicht unter den Scheffel.

Ein Huhn gackert beim Eierlegen und macht damit auf sich aufmerksam. Es sagt: „Seht her, das ist mein Ei!" Auch im Job gilt für uns Menschen: Tue Gutes und rede darüber. Seien Sie nicht so bescheiden abzuwarten, bis jemand entdeckt, was Sie im Stillen erreicht haben. So funktioniert die Berufswelt leider nicht.

Mit dem Gackern beim Eierlegen bewirkt das Huhn das, was Menschen (insbesondere Frauen) in ihrer Zurückhaltung leider viel zu

Keine falsche Bescheidenheit

selten tun, nämlich: klarmachen, was man selbst kann und leistet. Beeindrucken Sie Ihre Vorgesetzten, indem Sie Initiative zeigen und über Ihre Arbeit sprechen.

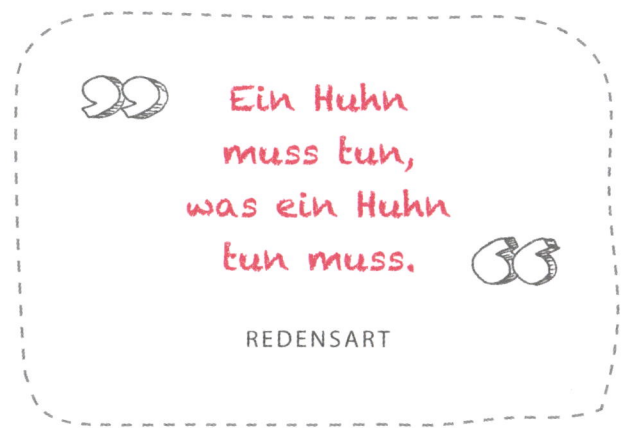

Ein Huhn muss tun, was ein Huhn tun muss.

REDENSART

# HÜHNER-STRATEGIE 2

## Behaupten Sie sich. Bleiben Sie standhaft.

Hühner haben eine Hackordnung. Aus menschlicher Sicht mag es hart und unfair aussehen, wenn Hühner einer niederen Rangordnung verscheucht oder gepickt werden. Trotz allem ist diese Verhaltensweise normal und trägt dazu bei, eine Ordnung innerhalb der Gruppe herzustellen.

Oftmals steht der Hahn an erster Stelle und die älteren Hennen kommen in der Hierarchie unmittelbar danach. Am Ende der Rangordnung befinden sich meist die jungen Hühner.

Die Hackordnung wird immer wieder schonungslos, aber fair ausgekämpft. Im übertragenen Sinne können wir sagen: Hühner sind ehrgeizig und haben eine Karriereleiter!

Uns zeigt dieses Verhalten, dass wir auf dem Karriereweg in der Lage sein müssen, uns zu behaupten.

Dabei sollten Sie anständig, aber gleichzeitig zielstrebig vorgehen. Es bedeutet nicht, dass wir andere Kollegen weghacken sollen. Gemeint ist vielmehr:

Setzen Sie sich durch, tun Sie Ihre Meinung kund, vertreten Sie selbstbewusst Ihren Standpunkt, treffen Sie ruhig auch mal unpopuläre Entscheidungen und haben Sie keine Angst vor sachbezogenen Konflikten.

Sich *selbst* treu sein

# Von der Katze

Während neue Katzenfans häufig Katzenbabys aufnehmen wollen, weil sie glauben, diese noch formen und erziehen zu können, haben Kenner längst erkannt, dass dieses Vorhaben unmöglich ist.

Katzen sind erziehungsresistent. Sie haben ihren eigenen Kopf, und oft sind sie es, die sich einen Menschen aussuchen, bei dem sie leben möchten – nicht umgekehrt.

Dabei machen sie auch keinen Halt vor Menschen, die eigentlich gar keine Katzen mögen. Meist sind ihnen diese Menschen sogar lieber als diejenigen, die sie ununterbrochen streicheln, knuddeln oder auf den Arm nehmen wollen. Wieso gibt es solch ein Phänomen?

Katzen mögen Ruhe, zu viel Trubel ist ihnen suspekt. Menschen, die ablehnend gegenüber Katzen sind, ignorieren die Vierbeiner meist und machen es gerade so genau richtig. Katzen werden dann neugierig.

Wenn sie sich spontan und auf den ersten Blick in einen Menschen verlieben, irren sie sich (anders als der Mensch selbst) fast nie.

# KATZEN-STRATEGIE 1

## Gehen Sie auch mal neue, unbekannte Wege.

„EINE KATZE HAT NEUN LEBEN."
SPRICHWORT

Katzen sind mutig und wagen auch mal tollkühne, unsichere Sprünge. Trauen Sie sich etwas zu. Versuchen Sie, Ihre guten Ideen umzusetzen, und machen Sie ruhig einen großen Satz über neue, unbekannte Gräben. Mit Sicherheit werden Sie wieder auf Ihren Füßen landen. Und wenn nicht, so haben Sie trotzdem sehr viel gelernt.

Katzen landen nach dem Sprung immer auf ihren Pfoten, und auch der Mensch ist so veranlagt, dass er nach einem Misserfolg wieder aufsteht und weitermacht. Wäre es nicht viel schlimmer, wenn Sie im Nachhinein bereuen, dass Sie nicht gesprungen sind?

Leben Sie so, als hätten Sie neun Leben.

# KATZEN-STRATEGIE 2

**Seien Sie hartnäckig.**

Beobachten Sie eine Katze bei der Jagd. Sie gibt nicht auf. Auch nach dem zehnten Versuch, die Maus zu fangen, macht sie weiter – so lange, bis es klappt.

Was kann der Mensch daraus lernen? Halten Sie durch! Manchmal braucht man eben einfach noch einen elften Versuch, um seine Ziele zu erreichen.

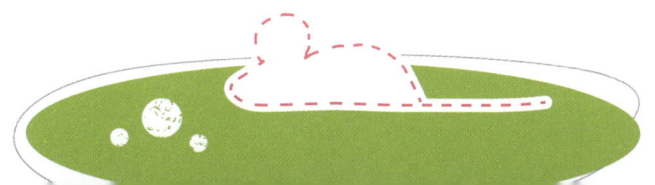

# Vom Bussard

Das Zusammenspiel von Menschen und Bussarden, Falken, Adlern und vielen anderen Greifvögeln begann nach heutigem Wissensstand in Asien. Die Falknerei, als höchste Form der Zusammenarbeit zwischen Mensch und Tier, existiert bereits seit circa 2205 vor Christus.

Greif- oder Raubvögel sind gute Jäger. Sie stehen an der Spitze der Nahrungskette und haben außer dem Menschen kaum natürliche Feinde. Sie sind fast immer Einzelgänger und lassen sich niemals dressieren oder zähmen wie Hunde, Pferde und andere Haus- und Nutztiere. Ein gesunder Greifvogel bleibt immer in der Lage, ohne menschliche Hilfe zu leben.

# BUSSARD-STRATEGIE 1

## Seien Sie effizient.

Sicherlich konnten Sie schon so manchen Greifvogel dabei beobachten, wie er am Rand der Autobahn saß. Es machte vermutlich den Eindruck, als würde er auf die Strecke schauen und warten. Vögel sind sehr sensible Energierechner: Sie müssen Nahrung finden, um Energie daraus zu gewinnen. Beim Fliegen, auf der Suche nach Beute, verbrauchen sie jedoch Energie. Daher nutzen die Vögel gerne die Winde, um auf ihnen zu schweben. So können sie sehr lange in der Luft nach Beute Ausschau halten und benötigen nur wenige Flügelschläge.
Oder aber sie sind schlau wie die Greifvögel und warten am Rande der Autobahn ab, bis die Beute von einem Auto erlegt wird.

Seien Sie ebenso effizient. Verpulvern Sie nicht Ihre Kraft, indem Sie überflüssige Dinge erledigen. Konzentrieren Sie sich auf Ihr Ziel und gönnen Sie sich nach dem Erfolg eine kleine Auszeit, um wieder Energie für den nächsten Flug zu tanken.

# BUSSARD-STRATEGIE 2

## Wer nicht fliegt, verändert nichts.

Wenn der Greifvogel satt und zufrieden ist, dann setzt er sich hin und hält inne. Wenn Sie in Ihrem Beruf glücklich sind, dann genießen Sie die Zeit doch einfach. Atmen Sie tief durch, besinnen Sie sich darauf, was Sie mit Glück erfüllt, und machen Sie dann weiter.

Wenn Sie aber unzufrieden sind, müssen Sie sich bewegen und etwas verändern. Jeder hat seine Berufung: Sind Sie zufrieden, freuen Sie sich. Sind Sie unzufrieden, dann fliegen Sie los, um sich Ihren persönlichen Erfolg zu schnappen.
Probieren Sie etwas Neues aus und verlassen Sie dafür auch mal Ihre Komfortzone.

# BUSSARD-STRATEGIE 3

## Vertrauen Sie auf Ihre Fähigkeiten, um Ihre Ziele zu erreichen.

Viel zu häufig im Leben zweifeln Menschen an sich selbst. Wie oft lassen Sie sich einreden, dass Sie etwas nicht können? Und wie oft versuchen Sie es dann gar nicht erst?

Warum sitzt ein Vogel so entspannt auf dem Ast? Weil er dem Ast vertraut? Nein! Der Vogel sitzt auf dem Ast und hat niemals Angst davor, dass der Ast brechen könnte – weil er seinen eigenen Flügeln vertraut!

**49**

Machen Sie sich bewusst, dass Sie schon viel im Leben geschafft haben, und wenn der Ast unter Ihnen einmal bricht, dann erheben Sie sich in die Lüfte und lassen das, was Sie nicht mehr trägt, hinter sich.

Sie können fliegen – Sie dürfen nur keine Angst davor haben! Sie werden spüren: Einfach abzuheben und seinen Flügeln zu vertrauen wird immer leichter! Und Sie werden erst erkennen, wozu Sie in der Lage sind, wenn Sie Ihre Flügel ausbreiten.

Legen Sie sich ein kleines Kästchen an, in welches Sie Ihre persönlichen Lebensflüge, auf einem kleinen Zettel notiert, einlegen.

Schreiben Sie doch einmal auf, welche Schwierigkeiten Sie in Ihrem Leben schon überwunden haben. Machen Sie sich neben das Ereignis eine kleine Notiz, was Sie daraus gelernt haben.

# Das Bussard-Ei

Ein Bauer fand einmal das Ei eines Bussards und legte es einer seiner Hennen im Hühnerhof ins Nest. Der Bussard wurde zusammen mit den Küken ausgebrütet und wuchs mit ihnen auf. Da er sich für ein Huhn hielt, gackerte er. Er schlug mit den Flügeln und flatterte immer nur höchstens einen oder anderthalb Meter in die Höhe, wie ein anständiges Huhn. Und er scharrte in der Erde nach Würmern und Insekten.

So verging Jahr um Jahr und der Bussard wurde alt. Eines Tages sah er einen prächtigen Vogel, der hoch oben am Himmel majestätisch seine Kreise zog. Bewundernd blickte der Bussard hinauf. „Wer ist das?", fragte er ein Huhn, das gerade neben ihm stand.

„Das ist der Bussard, ein König der Lüfte", antwortete das Huhn.

„Wäre es nicht herrlich, wenn wir auch so hoch am Himmel kreisen könnten?"

„Vergiss es", sagte das Huhn. „Wir sind Hühner."

Also vergaß der Bussard es wieder. Und er lebte und starb in dem Glauben, ein Huhn gewesen zu sein.

FABEL AUS AFRIKA

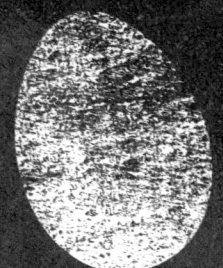

GLÜCKS-EI

# Gesundheit

# Zeus und das Schaf

Das Schaf wünschte sich, dass es stärker und furchteinflößender werde, um sich auch vor anderen Tieren behaupten zu können. Es trat mit seiner Bitte vor Zeus.

Zeus schien willig und sprach zu dem Schaf: „Ich sehe wohl, mein frommes Geschöpf, ich habe dich allzu wehrlos erschaffen. Nun wähle, wie ich diesem Fehler am besten abhelfen kann. Soll ich deinen Mund mit schrecklicheren Zähnen und deine Füße mit Krallen rüsten?"

„O nein", sagte das Schaf, „ich will nichts mit den reißenden Tieren gemein haben."

„Oder", fuhr Zeus fort, „soll ich Gift in deinen Speichel legen?"

„Ach", versetzte das Schaf. „Die giftigen Schlangen werden ja so sehr gehasst."

„Und gleichwohl", sprach Zeus, „musst du selbst schaden können, wenn sich andere, die dir schaden, hüten sollen."

„Müsst' ich das!", seufzte das Schaf. „O so lass mich, gütiger Vater, wie ich bin. Denn das Vermögen, schaden zu können, erweckt, fürchte ich, die Lust, schaden zu wollen; und es ist besser, Unrecht zu leiden als Unrecht zu tun."

Zeus segnete das fromme Schaf und es vergaß von Stund an zu klagen.

GOTTHOLD EPHRAIM LESSING

# Vom Schaf

Schafe prägen seit Tausenden von Jahren unsere Kultur. In Deutschland ziehen Wanderschäfer im Winter wie auch im Sommer mit ihren Herden durch sanfte Täler und über steile Hänge – dort verhindern die Schafe, dass die Landschaft mit Bäumen und Sträuchern zuwächst.

Schafe sind Wiederkäuer und haben im Oberkiefer, anstelle von Schneidezähnen, eine Gaumenplatte. Mit dieser und den unteren Schneidezähnen zerkauen sie die Nahrung, die daraufhin durch Pansen, Netzmagen und Speiseröhre zurück in das Maul gelangt. Dort, mithilfe großer Speichelproduktion, kauen Schafe das Futter erneut, bevor es nach weiteren Prozessen endgültig verdaut wird.

## SCHAF-STRATEGIE

### Sich alles noch einmal durch den Kopf gehen lassen.

Schafe sind bekannt für ihre Gelassenheit. Wenn sie gefressen haben, dann verdauen sie ihr Essen noch einmal. Den Menschen täte es gut,

wenn sie so manchen Gedanken noch einmal „wiederkäuen" würden, bevor er zur Aussprache kommt. Man wird krank, wenn man einfach alles in sich hineinfrisst. Und ebenso tut es nicht gut, wenn man jeden Gedanken sofort wieder auswirft.

Hier gilt: Gut durchkauen und abschließend noch einmal durch den Kopf gehen lassen. Sinnvolle Gedanken für sich nutzen und verwerten, den Rest einfach verwerfen.

„GUT GEKAUT IST HALB VERDAUT."
SPRICHWORT

Auch für den Magen ist es gut, wenn wir auf ihn achtgeben. Wie häufig essen Sie zu schnell und dann auch noch das Falsche? Achten Sie auf sich. Nehmen Sie sich beim Essen Zeit zum Kauen und Verdauen.

Sinnvolle **Gedanken** nutzen

# Von der Gans

Gänse fühlen sich am wohlsten, wenn sie sich in Gesellschaft befinden – und schnattern. Sie setzen Stimmlaute und Körpersprache ein, um miteinander zu kommunizieren. Angeblich unterscheiden sich die Gänselaute in den verschiedenen Regionen voneinander, sodass die Tiere eine Art lokalen Akzent haben.

Gänse schnattern auch, wenn sie in Kontakt mit Menschen kommen. Sie werden schnell zutraulich und können bisweilen sogar richtig anhänglich sein. Gänse ähneln den Menschen in ihrer Sozialstruktur. Die Vögel leben zusammen in Verbänden.

Beim Herbstflug der Gänse gen Süden lässt sich diese Struktur gut erkennen. Schlägt ein Vogel mit den Flügeln, so entsteht ein Auftrieb für den folgenden Vogel. Beim Flug in der V-Formation ist die Reichweite der Gänseschar um 71 % größer als die Reichweite eines einzelnen Vogels. Um vom Gesetz des Auftriebs profitieren zu können, bleiben die meisten Gänse stets in der Formation. Wird der Vogel an der Spitze müde, lässt er sich nach hinten fallen und ein anderer übernimmt die Spitzenposition.

Die hinteren Gänse lärmen, um die vorderen Gänse zu ermutigen, ihre Geschwindigkeit beizubehalten. Diese Signale stellen in der Tierwelt eine unvergleichliche Kommunikation dar.

# GÄNSE-STRATEGIE

 **Suchen Sie jemanden, der die gleiche Sprache spricht wie Sie.**

Werden Sie Teil einer Gemeinschaft, in der Sie sich wohlfühlen, die Ihnen guttut. Es ist unglaublich wichtig, Menschen zu kennen, die einen mitreißen oder sogar auffangen, wenn man droht zu fallen. Und wenn Sie wieder fit sind, können Sie Ihrerseits durchstarten und andere mitziehen.

In so einer Gruppe darf dann auch mal ordentlich geschnattert werden.

Miteinander reden

**Manchmal** hilft es auch, sich seine Sorgen von der Seele zu „schnattern". Keine Gans macht sich je Gedanken darüber, ob sie damit irgendjemanden stört. Schnattern Sie einfach und sagen Sie, was Sie beschäftigt. Denn die, die es stört, zählen nicht und die, die zählen, stört es nicht!

 Wenn die Gänse
schnattern,
schweigt die Nachtigall.

SPRICHWORT

# Von der Schildkröte

Schildkröten leben bereits seit mehr als 220 Millionen Jahren auf der Erde. Es gibt mehr als 340 Arten mit 200 Unterarten. Sie sind sehr anpassungsfähig, und das ist auch der Grund, weshalb sie schon über einen so langen Zeitraum existieren und selbst die Dinosaurier und die Eiszeit überlebten.

In seltenen Fällen können Schildkröten 200 Jahre und älter werden.

*Im eigenen Tempo gehen*

# SCHILDKRÖTEN-STRATEGIE 1

## In der Ruhe liegt die Kraft. Lassen Sie es langsam angehen.

Die ständige Erreichbarkeit, immer auf dem neuesten Stand sein, alles andauernd schnell und noch näher dran am Geschehen erleben – das macht langfristig krank. Eine Schildkröte erledigt alles in dem Tempo, das für sie angemessen ist. Wenn eine Kante vor ihr auftaucht, klettert sie, sooft es nötig ist, daran hoch, bis sie es letztlich geschafft hat. Eine Schildkröte lebt nach dem Prinzip: Es ist, wie es ist, und es kommt, wie es kommt. Ein wunderbares Motto auch für Menschen.

Bedenken Sie einmal Folgendes: Ameisen widmen sich stets der Arbeit, kennen keine Auszeit. Sie werden je nach Art zwischen drei Monaten und einem Jahr alt. Kaninchen springen und hüpfen den ganzen Tag herum und werden acht Jahre alt. Schildkröten machen alles in Ruhe und werden rund 150 Jahre alt.

Merken Sie etwas? Stress lässt schnell altern und ist ungesund. Daher gilt heute mehr denn je: In der Ruhe liegt die Kraft.

# SCHILDKRÖTEN-STRATEGIE 2

## Wenn Ihnen alles zu viel wird, ziehen Sie sich zurück.

Die Schildkröte benötigt ihren Panzer, um sich vor Feinden zurückzuziehen. Erst wenn die Luft rein ist, kommt sie wieder daraus hervor.

Haben Sie selbst auch einen Panzer, in den Sie sich zurückziehen können, wenn Sie sich nicht wohlfühlen oder Sie einfach nur genervt sind?
Grenzen Sie sich ab, wenn Ihnen etwas zu viel wird. Es geht um Ihr eigenes Wohlbefinden und das braucht auch mal ein „Nein" zu seinem Gegenüber. Das ist dann gleichzeitig ein „Ja" zu sich selbst.

Wir Menschen müssen uns nicht alles gefallen lassen. Wenn es Ihnen einmal zu viel wird: Tür zu und fertig!

# Die Schildkröte
# und das Mädchen

Ein kleines Mädchen, welches seine Großeltern auf dem Land besuchte, fand eine kleine Schildkröte. Voller Neugier wollte das Kind das Tier genau unter die Lupe nehmen. Aber die Schildkröte tat das, was ihrer Natur entsprach: Sie zog sich vollständig zurück. Das Mädchen schüttelte sie und wollte gerade einen kleinen Ast nehmen, um die Schildkröte herauszuholen. Sofort schritten die Großeltern ein, damit das Tier nicht mehr gequält würde.

„Komm, ich zeig dir, wie man das macht", sagte die Großmutter zu ihrer Enkelin. Sie nahm die Schildkröte mit ins Haus und setzte sie nah an den erhitzten Ofen. In wenigen Minuten wurde das Tier warm, steckte seinen Kopf und seine Füße heraus und kroch auf das Mädchen zu.

WEISHEITSGESCHICHTE

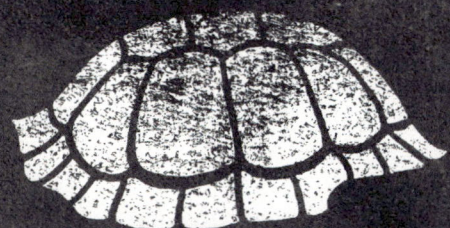

65

GLÜCKS-EI

# Innere Balance

# Der kluge Esel

Ein Esel verspürte großen Durst. In seiner Not beugte er sich über den Brunnen eines Bauern, verlor dabei jedoch sein Gleichgewicht und fiel hinab. Er schrie herzzerreißend und der Bauer eilte herbei. Da der Esel sehr alt war und der Brunnen aufgefüllt werden sollte, entschloss sich der Bauer dazu, den Esel nicht zu retten und seinem Schicksal zu überlassen. Er holte Freunde und Nachbarn, die ihn bei der Arbeit unterstützen sollten, und so füllten sie den Brunnen Schaufel um Schaufel mit Erde.

Als der Esel merkte, dass niemand vorhatte, ihn zu retten, schrie er noch mitleiderregender. Einige Zeit verging und die Leute waren verwundert, als der Esel schließlich verstummte. Der Bauer blickte in den Brunnen. Zu seiner Überraschung hatte der Esel die hinabfallende Erde abgeschüttelt, sich daraufgestellt und sich so Stück für Stück nach oben bewegt. Zum Erstaunen aller Anwesenden sprang der Esel letztendlich glücklich und gesund aus dem Brunnen.

WEISHEITSGESCHICHTE

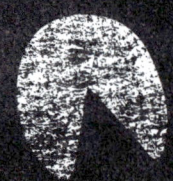

**Denken** Sie immer daran: Das Leben wird Ihnen so manche Hürde in den Weg stellen. Die Kunst besteht darin, alle Hindernisse zu überwinden. Denn jede noch so schwer erklimmbare Stufe können Sie in einen Trittstein verwandeln – und sich so aus dem Tief befreien.

# Vom Esel

Seit 6000 Jahren sind Esel zuverlässige und treue Begleiter der Menschen. Sie gelten oft als faul oder gar als Stur- oder Dummköpfe, wobei sie diesem Ruf gar nicht entsprechen. Passender wäre es zu sagen: Sie sind „meinungsstabil".

Der Esel gehört zu den klügsten Tieren und hat ein sehr gutes Gedächtnis. Er ist sanftmütig, fleißig und als Familienmitglied ein echter Schmusepartner. Esel lassen sich durch nichts und niemanden aus der Ruhe bringen. Im Gegensatz zu Pferden sind sie genügsamer, deutlich weniger schreckhaft und intelligenter. Sie begnügen sich mit Gras und Heu, brauchen also kein teures Kraftfutter, und sind widerstandsfähig gegen Krankheiten.

Häufig werden Wandertouren mit Eseln angeboten. Zum einen sind die Tiere sehr trittsichere Begleiter, zum anderen nehmen sie den Touristen die Last ab.

In der Einführung zu einer Wanderung sagt Ihnen der Eselguide immer: „Wenn Ihr Esel stehen bleibt, vertrauen Sie ihm. Mit Sicherheit hat er eine Gefahr bemerkt, die Sie übersehen. Wenn Ihr Esel also stoppt, schauen Sie nach Schlangen, Felsspalten oder anderen Gefahren. Hören Sie auf Ihren Esel – er ist in diesem Gebiet klüger als Sie."

# ESEL-STRATEGIE 1

## Gehen Sie Ihren eigenen Weg.

Ein Esel lässt sich weder durch Leckereien verführen, um einem Menschen zu folgen, noch würde er sich durch Prügel dazu bewegen lassen. Im Gegensatz zum Pferd braucht er keine klaren Dominanzverhältnisse. Ein Esel prüft immer, ob er das, was er tun soll, auch wirklich machen will.

Genau diese Denkweise sollten wir unbedingt übernehmen. Trauen Sie sich, Ihren eigenen Weg zu gehen. Dazu gehört auch, sich nicht von der Masse bewegen zu lassen, sondern immer wieder für sich selbst abzuwägen: Ist das mein Weg? Fühle ich mich mit den nächsten Schritten wohl?

Hören Sie auf Ihre innere Stimme. Haben Sie den Mut, Ihr eigenes Ding zu machen. Manchmal ist es gut, ein „Esel" zu sein und der Masse die Stirn zu bieten.

# ESEL-STRATEGIE 2

## Auch in kleinen Schritten kommen Sie zum Ziel.

„DAS PFERD DER HOFFNUNG GALOPPIERT,
DOCH DER ESEL DER ERFAHRUNG GEHT IM SCHRITT."
SPRICHWORT

Sicher ist es richtig, große Träume zu haben, aber dennoch muss klar sein, dass Erfolge ihre Zeit brauchen. Zwar ist der Esel nicht so schnell wie ein Pferd – dafür geht er aber stetig weiter: Schritt für Schritt. Es kommen nämlich auch diejenigen an ihr Ziel, die beharrlich in kleinen Etappen vorangehen.

Erreichen Sie eines Ihrer Ziele nicht so schnell, wie Sie es sich wünschen, bleiben Sie beharrlich wie ein Esel und schreiten Sie einfach konsequent langsam voran.

Den eigenen **Weg** finden

Gemütlichkeit bringt Ruhe

# Vom Schwein

Schweine sind hochintelligent. So fand man heraus, dass ihre kognitiven Fähigkeiten mit denen einiger Affenarten vergleichbar sind. Menschen und Schweine sind sich zudem extrem ähnlich, zumindest biologisch betrachtet. Unser Erbgut stimmt zu rund 90 Prozent überein. Nur die Menschenaffen, zum Beispiel Schimpansen, sind uns mit circa 98-prozentiger Übereinstimmung noch ähnlicher.

Weil die biologische Vergleichbarkeit so hoch ist, haben Schweine ganz ähnliche Krankheiten wie der Mensch. Was wiederum die Mediziner für ihre Forschung nutzen.

Umso erstaunlicher ist es, dass trotz aller Gleichheit sehr viele Schimpfwörter und negative Redensarten rund um das Schwein existieren, zum Beispiel *dummes Schwein, Perlen vor die Säue werfen, schwitzen wie ein Schwein, sich unter aller Sau benehmen, Dreck-Schwein.*

Sicher weiß man heute, dass Schweine nicht dreckig, sondern im Gegenteil sehr saubere Tiere sind. Sie haben (bei ordentlicher Tierhaltung) eine eigene Kotecke und würden niemals ihr Heim oder ihren Stall beschmutzen.

## SCHWEINE-STRATEGIE

### Home sweet home:
### Machen Sie es sich gemütlich.

Wohnen beinhaltet viel mehr als das Verweilen an einem bestimmten Ort. In seiner ursprünglichen Bedeutung heißt es: zufrieden sein. Ein Zuhause bietet Sicherheit, Vertrautheit, Ungestörtheit.

Schweine sind Meister des gemütlichen Zuhauses. In der Natur schlafen und ruhen sie in Nestern. Richtige Liegemulden werden eingerichtet, die gemütlich und witterungsgeschützt sind. Dort kuscheln sie sich im Familienverband aneinander.

Diese Nester werden jeden Tag wieder neu hergerichtet, indem die Schweine ihre Nasen unter das Laub schieben, man sagt: Sie schieben sich ein. Ähnlich wie ein Mensch, der sich die Bett- oder Sofadecke bis über die Ohren zieht, wenn er mal nichts mehr sehen und hören möchte.

Oftmals verbringen wir neben der Arbeit, den Einkäufen, unseren privaten Terminen, den Hobbys und den Verabredungen wenig Zeit in unseren eigenen vier Wänden. Dabei ist dieser Ort so wichtig für die innere Balance.

Versuchen Sie – ab und an –, einfach mal zu „wohnen", also Ihr Zuhause zu genießen und sich dann mal ordentlich „einzuschieben".

Neugier hält jung

# Von der Ziege

Ziegen sind erstaunlich kräftig, genügsam und robust. In Deutschland werden sie auch in der Landschaftspflege eingesetzt und wurden früher sogar als Zug- oder Lasttiere in bergigem Gelände genutzt. Sie verhindern, dass die Steilhänge oder Hanglagen an Autobahnen mit Büschen zuwuchern. Zudem ist es für die Gemeinden deutlich günstiger, Ziegen an den Hängen weiden zu lassen, als das Gehölz durch Personal entfernen zu lassen.

Da sich Ziegen sehr gut ausbalancieren können, stellen sie sich einfach auf die Hinterbeine, um an höhere Äste heranzukommen. Sie sind unglaublich gute Kletterer und wahnsinnig neugierig. Oft kann man sie bei stundenlangem Spiel beobachten.

Ziegen können sehr anhänglich sein. Wenn sie einen Besitzer wechseln müssen, bei dem sie lange Zeit verbracht haben, leiden sie und verweigern sogar manchmal tagelang das Essen, um ihre Trauer auszudrücken.

## ZIEGEN-STRATEGIE 1

### Neugier hält Sie jung.

Ziegen sind sehr neugierig und wollen alles erkunden. Das sollten wir uns von ihnen abgucken. Neugier geht einher mit Wissensdurst und einer erhöhten Bereitschaft, sich ungewohnten und komplexen Situationen auszusetzen oder diese aktiv aufzusuchen – Neugier hält die Menschen jung.

Bereits Kinder entdecken die Welt über ihren Wissensdurst. Wenn sie jedoch älter werden, sind Menschen oft eingefahren und bremsen sich mit Sätzen wie: „Ach, das habe ich ja noch nie gemacht!" oder „Lieber nicht, wer weiß, wie das ausgeht!" Wer so denkt, lässt die spannendsten Erfahrungen im Leben verstreichen.

Lernen Sie also von Ziegen das Interesse an der Welt. Wissen macht Sie souverän und stark. Jeder Cent, den Sie in sich und Ihre Weiterentwicklung investieren, kommt doppelt ausgezahlt zurück.

Was Sie können, machen Sie gerne. Was Sie gerne machen, machen Sie gut. Und was Sie gut machen, macht Sie glücklich.

Also bleiben Sie wissens- und lebenshungrig. Reisen Sie, sprechen Sie mit fremden Menschen, lesen Sie, besuchen Sie Seminare, probieren Sie etwas Neues aus. Sie werden merken, wie viele schöne und neue Dinge die Welt für Sie bereithält.

 Genies gehen ihren Gang –
wie Ziegen.
Sie klettern über Höhen
und Abgründe leicht hinweg,
während Schafe
dem Leithammel folgen.

KARL JULIUS WEBER

**Wann** immer Sie eine Idee ablehnen, ist das ein sicheres Zeichen dafür, dass Sie etwas noch nicht kennen.

Nutzen Sie den Ben-Said`schen-Trivialitätstest: Wenn Sie eine Idee, eine Situation, eine fremde Begebenheit ablehnen, notieren Sie sich den Gedanken, kleben Sie die Notiz irgendwo hin, wo Sie in den nächsten 48 Stunden regelmäßig vorbeilaufen.

Wenn Sie diesen neuen Gedanken nach zwei Tagen immer noch ablehnen, dann passt er nicht zu Ihnen. Wenn Sie nach 48 Stunden sagen: „Gar nicht so schlecht", dann war der Gedanke nur fremd und Sie haben Ihre Neugier wieder zum Leben erweckt.

# ZIEGEN-STRATEGIE 2

## Nur meckern, wenn es nötig ist.

„WER IM ERSTEN LEBEN VIEL MECKERT,
KOMMT IM ZWEITEN ALS ZIEGE ZUR WELT."
VOLKSMUND

Die abgehackten Laute der Ziege klingen stets so, als wollten sie vorwurfsvoll auf etwas hinweisen. Und tatsächlich: Wenn der Ziege etwas nicht passt, dann meckert sie. Auch dem Menschen kann es guttun, wenn er hin und wieder ein wenig motzt.

Der beste Tipp zum richtigen Nörgeln ist jedoch: Schlafen Sie eine Nacht über ihren Ärger, meistens löst sich dieser in Luft auf. Wenn Sie am nächsten Tag weiterhin Bauchweh haben oder sich über eine Situation ärgern, können Sie sich immer noch beschweren. Auch das gehört zum Leben und ist überhaupt nicht schlimm. Wenn es nötig ist, muss man eben auch einfach mal meckern. Sie sollten nur immer abwägen, ob sich der Stress tatsächlich lohnt.

# Achtung:

Auf der einen Seite soll man seinem Frust Ausdruck verleihen und meckern. Auf der anderen Seite werden Menschen, die sich permanent aufregen, krank. Wie immer ist es die Mischung, die zählt. Akzeptieren Sie, wenn etwas nicht zu ändern ist, und lassen Sie ordentlich Dampf ab, wenn es hilft.

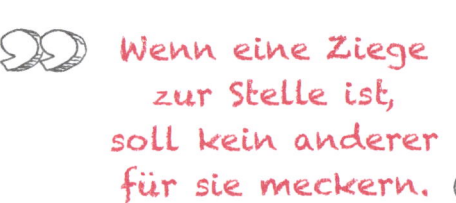

**Wenn eine Ziege zur Stelle ist, soll kein anderer für sie meckern.**

AUS AFRIKA

# Die beiden Ziegen

Zwei Ziegen trafen sich auf einer schmalen Brücke, die über einen tiefen Fluss führte. Die eine wollte auf diese Seite, die andere wollte auf die andere Seite des Flusses.

„Geh mir aus dem Weg!", meckerte die eine.

„Du bist gut!", meckerte die andere. „Geh du doch zurück und lass mich zuerst hinüber. Ich war auch als Erste auf der Brücke."

„Was fällt dir ein?", antwortete die Erste. „Ich bin viel älter als du und soll zurückgehen? Sei etwas höflicher! Du bist jünger, du musst nachgeben!"

Aber beide waren hartnäckig. Keine wollte zurückgehen, um die andere vorzulassen. Erst haben sie geredet, dann geschrien und schließlich geschimpft. Als das alles nichts nützte, fingen sie miteinander zu kämpfen an. Sie hielten ihren Kopf mit den Hörnern nach vorn und rannten zornig gegeneinander los. Mitten auf der Brücke prallten sie heftig zusammen. Durch den Stoß verloren beide das Gleichgewicht und purzelten von der Brücke.

LUDWIG GRIMM

# Nach-wort

Das Leben
genießen

# Nachwort

Jeder, der Tiere hat, weiß, wie viel Freude sie bringen und wie viel sie uns zurückgeben. Hätte ich keine Tiere, wäre ich wortwörtlich gesehen bestimmt eine reichere Frau.

Aber so, wie es ist, bin ich reich an: Fell, Hufen, Federn, Liebe und Treue. Mein Gold glänzt nicht in der Sonne, es wiehert, es bellt, gackert, meckert, mäht, miaut, krächzt, iaht – und es macht mich jeden Tag fröhlich.

Glücklich wird der Mensch letztendlich nur, wenn er respektvoll mit dem Leben umgeht. Wenn wir aufeinander zugehen und Zeit miteinander verbringen, wird unser Herz die Stimmen hören und die Sprachen verstehen. Das gilt für Tiere und für alle Menschen.

Wir müssen schützen,
was schutzlos ist.
Wir müssen uns kümmern,
wenn niemand sich kümmert.
Wir müssen menschlich sein
gegenüber allen Lebewesen.

Daniela Ben Said

# Steckbriefe der Tiere

## Hunde

Miniaturbullterrier FRIEDA, * 2015

Bullterrier FINE, * 2011

Deutsch Drahthaar Fee, * 2013

## Pferde

Deutsches Reitpferd MERLIN, * 2005

Hannoveraner Wallach JOSCHI, * 2012

Hannoveraner Stute FLO, * 2009

## Hühner

Brahma Hühner EMMY, EMIL, LENA, GOLDIE, GRETE, Lisa, Fury, Anne, Blondi, Marie, Ulla

# Esel

GUSTAV, * 2015, HORST, * 2012

Die beiden Esel sind Vater und Sohn,
Horst und Gustav sind völlig verwahrlost, befallen
mit Haarlingen, bei uns angekommen.

# Schildkröten

Sporenschildkröte MORLA, * 1999, 7 kg
Sporenschildkröte Atréju, * 2002, 13 kg

# Ziegen

DERRICK und HARRY, vermutlich 5–8 Jahre alt.
Die beiden Ziegenböcke sollten geschlachtet werden
und standen plötzlich vor unserem Haus.

# Katze

KERMIT, vermutlich * 2012

Kermit wurde vom Tierschutz zu uns gebracht.

## Gänse

Deutsche Hausgänse ROMEO und JULIA

## Hängebauchschweine

KATE und PIPA, vermutlich * 2000

Pipa und Kate wollten die Vorbesitzer irgendwann einfach loswerden.

## Bussard

HARRIS HAWK BANU, * 2012

## Wollschweine

SCHNITZEL, CURRY & PAPRIKA, * 2016

Die Mangalitza-Wollschweine wollte ich einfach haben, weil sie so hübsch sind.

## Ponys

Mini-Shetlandpony PAUL und
Shetlandponywallach TOM, beide * 2006
Tom und Paul haben wir völlig abgemagert
aufgenommen, der Tierarzt hatte ihnen keine
zwei Wochen mehr gegeben.

Shetlandponyhengst TITUS, * 2002, Mini-Shetlandpony HECTOR, * 1995
Hector wurde schwer misshandelt, Zigaretten wurden auf ihm ausgedrückt.

## Schafe

Ouessant-Schafe, französische Bergschafe.
Alles begann mit dem ausgesetzten Schaf COLA (r.),
vermutlich * 2016, das wir aufgenommen haben.
Seine Ohrmarken waren rausgerissen, damit man es
nicht identifizieren konnte. Es war völlig verstört,
abgemagert und verwurmt. Zur Gesellschaft habe ich ihm dann eine Herde gekauft.
Pepsi, * 2015; Nuts, * 2008; Twix, * 2015; SNICKERS, * 2015; Hanuta, * 2011.

**Ausserdem** leben bei uns auf dem Hof noch unsere Pferde Lieschen und
Männlein; die Alpakas Alf, Kate, Rachel und Lynn; die Walliser Schafe Hanni und
Nanni; die Kanadagänse Edward, Jakob und Bella; die Nonnengänse Tristan und Isol-
de; die Zwergenten Lotte und Karl, Sissi und Franz; die Mandarin-Enten Heidi und
Peter; die Karsarka-Enten Brad und Angelina; die Moorenten Bernhard und Bianca;
die Warzenenten Christian und Anna; die Laufenten Loki und Helmut, Speedy und
Gonzales, Siegfried und Roy; die Elsässer Gänse Maja und Willi; der sibirische Uhu
Emma und meine Eule Hedwig.

# Über die Autorin

Daniela Ben Said ist sowohl Gründerin als auch Geschäftsführerin der *Quid agis\* Akademie*. Als erfolgreiche Coachin motiviert, begeistert und trainiert sie Menschen in Unternehmen. Ihre Vorträge sind verblüffend anders und authentisch. Ob als Keynote-Speakerin oder Coachin, Daniela Ben Said überzeugt mit ihren Ideen und Konzepten. Ihre Seminare sind regelmäßig ausgebucht, und so ist es nicht verwunderlich, dass sie bereits 2008 mit dem *Coaching Award* sowie dem *Female Speaker of the Year 2014* ausgezeichnet wurde.

Weitere Infos finden Sie unter

WWW.DANIELABENSAID.COM

WWW.FACEBOOK.COM/DANIELABENSAID

# Dank

**MEIN AUS TIEFSTEM HERZEN KOMMENDER DANK GILT:**

Meinem Mann, der immer neben mir steht, wenn ich wichtige Entscheidungen treffe, und hinter mir, wenn diese dann mal falsch waren. Danke auch dafür, dass er stundenlang beim Tierarzt sitzt, obwohl ich ihm am Tag zuvor versprochen habe, dass ich mich um meine Tiere allein kümmere und er nichts damit zu tun hat.

Unseren Kindern Nico und Marie.

Meiner Familie. Das ist „mein Rudel", das immer zusammenhält.

Meinem Team, das sich immer voll für mich einsetzt und auch schon mal unter Todesängsten Vögel einfängt, die Schildkröte füttert und nach den Wochenenden immer nur fragt: „Gibt es neue Tiere?"

PR Allendorf für die Unterstützung.

Christian Schwalb, Dirk Schütter, Ulrich Görtz, Danja Krampe, Hans-Jürgen Koch, Peter Schröder – Sie/Ihr wissen/wisst, warum.

Martina Riesberg – meine Freundin und ebenso Tierverrückte. Du bist immer da und mit Tieren genauso irre wie ich.

Nina Herrmann für ihre Loyalität und guten Ideen.

Anne Krüger, die beste Tiertrainerin der Welt, die mir beigebracht hat, kein Tierflüsterer, sondern eine Tierzuhörerin zu werden.

Meinem früheren Deutschlehrer Heinz Sollmann, der immer an mich glaubt.

Dem Coppenrath Verlag für das Vertrauen und die vielen guten Anregungen.

„Manchmal brauchen wir einfach die Stille der Natur und der Tiere, um uns von den Menschen zu erholen."

DANIELA BEN SAID